HEYNE
BÜCHER

ASTROLOGIE FÜR KATZEN

Mit Illustrationen von
Traudl & Walter Reiner

Originalausgabe

WILHELM HEYNE VERLAG
MÜNCHEN

HEYNE ALLGEMEINE REIHE
Nr. 01/8186

Printed in Germany 1991
Umschlaggestaltung: Atelier Ingrid Schütz, München
Gesamtherstellung: RMO-Druck, München

ISBN 3-453-04589-0

Welche Katze paßt in welche Familie? Dieser Frage sollten Sie die nötige Beachtung schenken, denn hinter mancher Samtpfote verbergen sich scharfe Krallen. Durch dieses Katzenhoroskop wird Ihnen auch endlich klar, warum sich Ihr Kätzchen so und nicht anders verhält …

Inhalt

♈

Eigenschaften:
Spontan, ungeduldig, kämpferisch

☆

Element:
Feuer

☆

Passende Zeichen:
Schütze, Löwe

Widder

21. MÄRZ — 20. APRIL

Temperament

Eine Widder-Katze kann ihr Sternzeichen nicht verleugnen: Mit beeindruckender Unternehmungslust und unermüdlichem Einfallsreichtum schafft sie es, immer im Mittelpunkt zu stehen. Ihr Geltungsbedürfnis wird nur von ihrem ungebrochenen Selbstbewußtsein überboten. Hat sie sich etwas in den Kopf gesetzt, geht sie immer wieder an den Start, um es zu erreichen. Widder-Katzen sind daher prädestiniert dazu, Tricks und Kunststücke zu erlernen, die sie zirkusreif machen könnten;

selbst geschlossene Türen sind für sie kein Hindernis. Ihre Aktivität macht Widder-Katzen hungrig. Wundern Sie sich also nicht, wenn es Ihrem Liebling im Hinblick auf sein Futter mehr um Quantität als um Qualität geht.

Doch obwohl die Widder-Katze nicht besonders wählerisch ist, lebt sie nach einem eisernen Grundsatz: Was sie frißt, muß absolut frisch sein. Ihre Ungeduld zeigt sich oft in einem wilden Schlagen des Schwanzes. Muß sie auf die Dinge, die sie haben will, warten, verzichtet sie oft lieber ganz auf sie. Dann zieht sie sich in einen Schmollwinkel zurück oder holt sich bei einem Nachbarn, was sie für ihr Katzenglück braucht.

Lebensstil

Die Widder-Katze nimmt sich, was sie bekommen kann. Sie ist bereit, dafür all ihre beachtlichen geistigen und körperlichen Fähigkeiten aufzubieten. Darauf warten kann sie allerdings nicht. Sie weiß genau, was sie will, aber sie will es sofort. Dieser draufgängerische Lebensstil bringt sie öfter in Schwierigkeiten. Da sie bei der Verfolgung ihrer Ziele weder auf Ihre kostbare Gläsersammlung und schon gar nicht auf sich selbst Rücksicht nimmt, neigt sie zu Unfällen und verursacht immer wieder beträchtliche Schäden. Es empfiehlt sich daher, entweder eine entsprechende Versicherung abzuschließen oder alles aus dem Weg zu räumen, was durch das Temperament des vierbeinigen Mitbewohners gefährdet sein könnte.

Vergessen Sie nicht: Ihr Haus gehört Ihrer Katze! Wegen ihrer stürmischen Anlagen fühlt sich eine Widder-Katze in Gottes freier Natur besonders wohl — hier ist sie Katze, hier darf sie's sein ...

Persönliche Beziehungen

Will man die temperamentvolle Widder-Katze einigermaßen unter Kontrolle halten, muß man ein reichliches Maß an Autorität einsetzen. Sie respektiert grundsätzlich nur starke, konsequente Charaktere. Ein Schwächling wird von einer Widder-Katze erbarmungslos unterjocht. Von Kindern erwartet sie, daß sie sich ihren Launen, Wünschen und vor allem ihrem Spieltrieb strikt unterordnen.

Die Katzenfreundschaften einer Widder-Katze verlaufen sehr körperlich — sie balgt und rauft mit ihren Artgenossen wie Robin Hood. Von ihren nächtlichen Ausflügen kommt sie nicht selten in ziemlich ramponiertem Zustand nach Hause: hungrig, schmutzig und mit Narben gekennzeichnet. Auch vor größeren Tieren hat sie keine Scheu und keinen Respekt. Sie zögert nicht, ihr Revier gegen eine Dogge grimmig zu verteidigen, ist aber gleichzeitig durchaus fähig, sich vorurteilsfrei und spontan in einen aggressiv bellenden Vierbeiner zu verlieben. Apropos Liebe: Widder-Katzen sind Eroberer-Typen! Auf wen immer eine Widder-Katze ein Äuglein wirft, den kriegt sie. Ist eine Liebesbeziehung zustande gekommen, läßt die Widder-Katze ihrer Neigung zu Romantik und Phantasie hemmungslos ihren Lauf.

Ihr Verhältnis zum Menschen ist weniger von Liebe als vielmehr von ihrem ausgeprägten Sinn für das Nützliche bestimmt. Streicht sie ihrem Besitzer schmeichelnd um die Beine, dann hat sie aller Wahrscheinlichkeit nach Hunger oder Durst. Zeigt sie freiwillig ein Kunststück, erwartet sie eine Sonderportion Fleisch, Milch oder Zuwendung, um sich seelisch für ihre auswärtigen Abenteuer zu stärken.

♉

Eigenschaften:
Beharrlich, ausdauernd, realistisch

☆

Elemente:
Erde

☆

Passende Zeichen:
Jungfrau, Krebs, Steinbock

Stier

21. APRIL — 20. MAI

Temperament

Stier-Katzen fallen in jeder Beziehung aus dem Rahmen. Sie sind weder verspielt noch launisch noch besonders wendig. Im Gegensatz zu manch anderen Artgenossen sind sie auch nicht falsch oder bestechlich. Sie strahlen eine große Ruhe und Gelassenheit aus, die ihnen selbst dann eine aristokratische Aura verleihen, wenn sie als schlichte Bauernkatze das Licht der Welt erblickten. Man ist geneigt, sich den vierbeinigen Mitbewohner als Vorbild zu nehmen. Warum auch nicht?

Eine Stier-Katze macht sich selbst keine Probleme, und sie verursacht auch keine. Alles, nur keine Unruhe! Großen Wert legt sie auf jene Dinge, die sie als ihren persönlichen Besitz betrachtet: ihr Schüsselchen, ihr Körbchen und ihr Spielzeug will sie mit niemandem teilen. Dafür respektiert sie auch das Eigentum anderer. Nur in höchster Not würde sie aus dem Napf einer anderen Katze fressen oder sich auf eine fremde Decke legen. Da sie die Ruhe schätzt, haßt sie jede Ortsveränderung. Sie auf Reisen mitzunehmen, kommt einer Folter gleich, sie in fremde Pflege zu geben, bedeutet für sie persönlichen Verrat.

»Nur keine Veränderungen« — dieser Grundsatz bestimmt auch ihre Freßgewohnheiten. Es geht ihr weniger um Abwechslung als um Pünktlichkeit. Sie ist gerne bereit, tagelang dieselbe Sorte Futter serviert zu bekommen — aber bitte immer auf den Glockenschlag!

Lebensstil

Die Stier-Katze, die sich durch Ausdauer und Beharrlichkeit auszeichnet, ist kaum aus der Fassung zu bringen. Wird sie jedoch in ihrem Ruhe- und Stabilitätsbedürfnis empfindlich gestört, dann gnade Gott! Der berüchtigte ›Stier-Zorn‹ bleibt nicht aus. Nicht selten wird er von einer schonungslosen Zerstörungslust begleitet. Ihr ansonsten gelassenes Katzen-Juwel kann dann derart aus dem Häuschen geraten, daß keine Tricks dieser Welt es wieder zur Vernunft bringen.

Am besten ist es in einem solchen Fall, das tobende Ungeheuer solange sich selbst zu überlassen, bis der Zorn verraucht ist.

Als Besitzer einer Stier-Katze sollten Sie nie vergessen, daß Ihr Schützling gerne schläft oder Tagträumen nachhängt. Aber nicht nur dann haßt sie Störungen. Auch bei ihren stundenlangen Meditationen über den Sinn des Katzenlebens und die Überflüssigkeit von Hunden auf dieser Welt sollte man sie in Frieden lassen.

Persönliche Beziehungen

Die Standhaftigkeit einer Stier-Katze erstreckt sich auch auf ihre Liebe zu Herrchen und Frauchen. Hat sie einen Menschen erst einmal in ihr Herz geschlossen, dann ist sie auch bereit, für ihn durchs Feuer zu gehen. Selbst nach längerer Abwesenheit können Frauchen und Herrchen noch auf die unerschütterliche Liebe ihres Lieblings bauen. Wankelmut, Zweifel an der Beziehung oder gar Untreue liegen der Stier-Katze fern. Für ein Baby übernimmt sie gerne die Beschützerrolle, muß aber mitunter daran gehindert werden, sich dem Kleinkind allzusehr aufzudrängen und es gewissermaßen zu ›adoptieren‹. Wenn Sie Ihren Nachwuchs suchen — vielleicht hat ihn die Katze in ihrem Körbchen verwahrt.

Am glücklichsten ist die Stier-Katze in einer nicht zu großen, harmonischen Familie, in der keine besonderen Erwartungen in sie gesetzt werden. Bringt man ihr das erwartete Maß an Respekt entgegen, fühlt sie sich in ihrem Element.

Ein Maximum an Zufriedenheit mit einem Minimum an Aufwand — das ist die Liebesdevise der Stier-Katze. Damit haben Stier-Katzen die besten Anlagen, bis über die Goldene Hochzeit hinaus treu zu sein. Sobald eine Stier-Katze den idealen Partner entdeckt hat, hindert sie nichts mehr daran, ihm ihr ganzes Herz zu schenken. Am glücklichsten werden Stier-Katzen mit friedlichen Gefährten, die in den Katzenalltag keine Hektik bringen.

♊

Eigenschaften:
Wißbegierig, kontaktfreudig, unberechenbar

☆

Element:
Luft

☆

Passende Zeichen:
Wassermann, Waage

Zwillinge

21. MAI — 21. JUNI

Temperament

Fröhlich, verspielt, neugierig und im nächsten Augenblick verschlossen, fauchend und unzugänglich — das ist die typische Zwillinge-Katze. Sie vereint in sich all jene — und noch mehr — Eigenschaften, die vom Volksmund den Katzen ganz allgemein angedichtet werden. Mit feinen Antennen für die unauffälligsten Vorgänge in ihrer Umgebung ausgestattet, ist sie doch vor allem auf sich selbst und ihr eigenes Wohlergehen konzentriert.

Es gibt wenig, was die Zwillinge-Katze nicht ausprobieren würde. Dabei macht sie ständig interessante Entdeckungen. Beispielsweise, daß man Schranktüren durch beharrliche Arbeit mit dem Pfötchen aufkriegt oder daß man ein Ei aufschlagen und eßbereit machen kann, indem man es vom Tisch rollt. Sie genießt es, durch solche und ähnliche Einfälle Bewunderung zu erregen. Ebenso unmittelbar und heftig reagiert sie auf Mißfallensbekundungen: Wehe, Sie zeigen Ihren Ärger! Sie benimmt sich dann aus Protest besonders widerlich und läuft Ihnen in den Weg, um Sie zum Stolpern zu bringen oder legt sich demonstrativ auf Ihre schwarze Jacke. Sobald sie jedoch merkt, daß die Situation kritisch und Frauchen oder Herrchen ernsthaft wütend werden, besinnt sie sich auf ihren beachtlichen Charme. Kaum eine Katze schnurrt so viel und so laut wie der kontaktfreudige ›Zwilling‹.

Lebensstil

Besitzer einer Zwillinge-Katze wissen es längst: Nichts ist schwieriger, als den hochgestochenen Gaumenansprüchen dieses Tierchens gerecht zu werden. Abwechslung geht diesem Katzentyp über alles. Daß das Futter nur vom Feinsten sein darf, ist eine Selbstverständlichkeit. So kann sie heute mit sichtlicher Begeisterung ein Thunfischgericht verspeisen, um es am nächsten Tag angewidert abzulehnen. Ignoriert man ihren verwöhnten Gaumen, schafft sie es, sich aus einem bunten Katzeneintopf jene Stückchen sorgfältig herauszufischen, die sie mag.

Der Schlaf ist der Zwillinge-Katze unwichtig. Das Leben ist zu schön, um es zu verdösen! Ihre Ruhepausen sind daher kurz. Sie hat nichts dagegen, für ein lustiges Spielchen aus ihren Träumen gerissen zu werden. Aber gute Ideen für Unterhaltungen sollten Sie schon haben ...

Persönliche Beziehungen

Die Zwillinge-Katze braucht das enge Zusammenleben mit möglichst vielen Menschen. Sie ist eine wahre Meisterin im Anbandeln. Sie hat keine Hemmungen, einem Fremden um die Beine zu streichen, sich von flüchtig Bekannten kraulen zu lassen oder einem Gast auf den Schoß zu springen. Ihre Neigung, mit Sympathien nicht zu geizen, läßt sie manchmal charakterlos und bestechlich erscheinen. Sie ist zwar flatterhaft, hat aber ein sicheres Gespür für Freund und Feind. Wenn Ihre Zwillinge-Katze einem Menschen deutlich ausweicht, können Sie Gift darauf nehmen, daß er kein Tierfreund ist.

Menschen, die dazu neigen, ihr Herz ganz und gar an ein Tier zu verlieren, sollten sich lieber eine beständige Stier-Katze aussuchen. Bei einer Zwillinge-Katze gehen sie das Risiko ein, plötzlich, ohne ersichtlichen Grund, von ihrem vierbeinigen Liebling links liegengelassen zu werden. Trotz ihrer Sprunghaftigkeit Menschen gegenüber hat die Zwillinge-Katze für andere Katzen als Gesellschafter nicht viel übrig. Sie läßt sich zwar dazu herab, sie kurzfristig und der Abwechslung halber als Spielgefährten zu akzeptieren, empfindet aber bald Langeweile unter ihresgleichen.

Sobald bei einer Zwillinge-Katze Liebe im Spiel ist, purzeln alle geltenden Werte. Sie übernimmt spontan, allerdings nur vorübergehend, die Lebensgewohnheiten des oder der Herzallerliebsten. Lange brennt das Liebesfeuer der Zwillinge-Katze nie, aber heftig und ohne Spuren zu hinterlassen.

♋

Eigenschaften:
Gefühlvoll, ordentlich, empfindlich

☆

Element:
Wasser

☆

Passende Zeichen:
Fische, Skorpion, Widder

Krebs

22. JUNI — 22. JULI

Temperament

Die Krebs-Katze hat die Allüren einer Diva und die Empfindsamkeit eines Seismographen. Sie will umsorgt, gepflegt und bewundert werden wie eine Kostbarkeit. Da sie dazu neigt, alles auf sich zu beziehen, läßt sie sich schon durch einen müden oder verärgerten Gesichtsausdruck irritieren, obwohl dieser gar nichts mit ihr zu tun hat.

Ihre etwas empfindliche, körperliche Konstitution benützt sie geschickt, um Frauchen oder Herrchen zu erhöhter Aufmerksamkeit zu zwingen. Das geht so weit, daß sie psychosomatische Beschwerden bekommt, wenn sie nicht mit Glacéhandschuhen angefaßt und wie eine Prinzessin verwöhnt wird. Das Zeichen des Krebses ist ein Wasserzeichen, und das ewige Auf und Ab der Gezeiten finden Sie auch im Seelenleben Ihrer Krebs-Katze. Wenn sie nur will, ist sie gelassen wie Buddha.

Ihr schauspielerisches Talent ist bühnenreif. Findet sie, daß jemand zu viel von ihr fordert oder zu lange mit ihr spielt, mimt sie die zu Tode Erschöpfte und schleppt sich mit mitleiderregender Mühe auf ihr Plätzchen. Aber kaum weckt ein Vorgang in ihrer Nähe ihr Interesse, sind Müdigkeits- und Krankheitssymptome wie weggeblasen: Na los, zeigt mir, was Ihr mir zu bieten habt!

Wirklich Angst hat die Krebs-Katze vor Gewittern. Lange bevor es donnert und blitzt, verkriecht sie sich zitternd in einen Winkel oder sucht Schutz in Ihren Armen. Jetzt ist sie ganz sie selbst. Zumindest so lange es donnert.

Lebensstil

Da eine Krebs-Katze immer ein wenig müde wirkt und nicht daran denkt, sich mit Brachialgewalt durchzusetzen, erreicht sie ihre Ziele durch ihren Appell an die menschliche Hilfsbereitschaft und das Mitgefühl ihrer Besitzer. Fast immer macht sie den Eindruck, eigentlich gar keinen Appetit zu haben und nur aus Rücksicht auf ihr besorgtes Frauchen überhaupt etwas zu fressen. Sie ist heikel und hat ihre ganz speziellen Vorlieben. Mitunter ist es nicht das Futter, das sie ablehnt, sondern die Farbe eines neuen Napfes. Der Schlafplatz wird von einer Krebs-Katze nach Kriterien wie Ordnung und Wärme ausgewählt. Rechnen Sie damit, daß sie Ihren Schoß oder bügelwarme Hemden einem Körbchen vorzieht. Ihr Ordnungssinn drückt sich darin aus, daß sie diese Ruheplätzchen mit schöner Regelmäßigkeit aufsucht. Abgesehen davon ist die Krebs-Katze eine angenehme Mitbewohnerin — sie zerstört nichts und hängt an Ihren Nippes mindestens genauso wie Sie.

Persönliche Beziehungen

Da auch die leise und unauffällige Krebs-Katze nicht immer im Hintergrund stehen möchte, bindet sie sich mit Vorliebe an einen möglichst starken Menschen. Tief in ihrer Katzenseele schlummert der Wunsch, Frauchen oder Herrchen mögen ihr alle Träume erfüllen und alle Wege ebnen. Bis sie davon überzeugt und richtig ›warm‹ geworden ist, dauert es ein Weilchen.

Wenn eine Krebs-Katze als erwachsenes Tier in einen neuen Haushalt kommt, wird sie sich wochen- und oft monatelang reserviert und unzugänglich verhalten. Erkennt sie im Laufe dieser Zeit, daß einige Menschen es verdienen, von ihr geliebt zu werden, dann entwickelt sie eine rührende Liebe und Treue und bemüht sich ernsthaft darum, ihre Launenhaftigkeit und Empfindlichkeit einigermaßen unter Kontrolle zu halten.

In ihrem Umgang mit Artgenossen bleibt sie jedoch kompliziert und ist leicht beleidigt. Während sie Begeisterung zwar empfinden, aber nicht zeigen kann, führt sie ihre Kränkung und Verletzlichkeit dramatisch vor. Hat sie schon im Zusammenleben mit ihren Artgenossen beträchtliche Probleme, so ist es meist ein Ding der Unmöglichkeit, eine Krebs-Katze mit einem Hund gemeinsam zu halten. Nur wenn er bereit ist, sie als Lehrmeisterin anzuerkennen und sich ihren Launen bedingungslos zu unterwerfen, duldet sie einen Hund neben sich.

Das Liebesleben einer Krebs-Katze verläuft schwärmerisch und poetisch. Es ist aber auch möglich, daß Ihre Krebs-Katze nie Feuer fängt. Das passiert dann nicht, weil sie zu kühl, sondern weil sie zu idealistisch ist: Kompromisse in Liebesdingen lehnt sie kategorisch ab. Da hängt sie ihren Liebesträumen lieber alleine nach …

♌

Eigenschaften:
Selbständig, mutig, optimistisch, zutraulich

☆

Element:
Feuer

☆

Passende Zeichen:
Steinbock, Widder

Löwe

23. JULI — 23. AUGUST

Temperament

Im ›königlichen Zeichen‹, wie die alten Astrologen das Löwe-Sternbild respektvoll nannten, geboren zu sein, ist auch für einen Vierbeiner ein Glückstreffer. Deshalb wird die Löwe-Katze erhobenen Hauptes durchs Leben gehen und alles, was neben ihr existiert, mit Verachtung strafen. Ihr Selbstbewußtsein ist so groß, daß es sie wie ein schützender Mantel umgibt, der weder Belästigungen noch Verbote oder Befehle an sie heranläßt. Gleichzeitig ist es der Löwe-Katze aber auch klar, daß Adel verpflichtet. Sie wird deshalb kaum das ungezogene, verspielte Kätzchen hervorkehren, das durch mehr oder weniger liebenswerten Unsinn Aufmerksamkeit und Zuwendung erzwingt. Viel eher wird sie es darauf anlegen, sich als Musterexemplar von Selbständigkeit und Individualität zu präsentieren.

Da sie sich immer — und meist mit Recht — im Mittelpunkt des Interesses wähnt, fällt es ihr schwer, einmal so richtig entspannt im Körbchen zu liegen und gelassen das Kreisen einer Fliege zu beobachten. Trotz eines oft aufflammenden Jagdtriebes, der auch Stadtkatzen nicht selten heimsucht, ist die königliche Löwe-Katze souverän und realistisch genug, sich nicht auf aussichtslose Unternehmungen einzulassen. Sollen sich doch die anderen, die ›gewöhnlichen‹ Katzen, bei wilden Jagden echauffieren! Eine Löwe-Katze überlegt, was sie tut. Dennoch kann man sie hin und wieder stundenlang mit ungebrochener Aufmerksamkeit ins Ablaufloch der Badewanne starren sehen, wo sie beharrlich auf eine Maus wartet.

Lebensstil

Die Löwe-Katze weiß natürlich, daß sie dem König der Tiere ähnlich ist. Damit gibt sie sich aber nicht zufrieden. Sie verbringt Stunden damit, ihr Fell zu pflegen, bis es einem seidigen Vlies gleicht. Kaum sind Sie aus dem Zimmer, bewundert sich die Löwe-Katze im Spiegel. Sie liebt es, fotografiert zu werden und blüht durch Komplimente sichtbar auf. Ihre Eitelkeit kennt keine Grenzen.

Wenn sie Lust auf einen ausgedehnten, abenteuerlichen Streifzug in die Umgebung hat, vergißt sie ihr gutes Aussehen und scheut weder Kampf noch Schmutz. Ihre Freßgewohnheiten sind dadurch charakterisiert, daß sie einen wahren Heißhunger auf jede Art von Frischfleisch, vor allem auf geschabte Leber, entwickelt. Hüten Sie sich davor, Ihren königlichen Liebling über Gebühr auf sein Fressen warten zu lassen. Falls Sie dieses Versäumnis nicht mit einem extra Leckerbissen oder mit liebevollem Streicheln gutmachen, wird Sie die Löwe-Katze mit Verachtung strafen.

Persönliche Beziehungen

Behandeln Sie eine Löwe-Katze um Himmels willen nie von oben herab! Ihr Liebling will mit Ihnen auf gleicher Stufe stehen und würde es nie verwinden, übergangen zu werden. Am meisten ärgert sich eine Löwe-Katze über Gleichgültigkeit. Eher will sie mit Vorwürfen verfolgt werden, als auf Ihre Zuwendung verzichten.

Wenn sich die Löwe-Katze geliebt und anerkannt fühlt, geht sie für Frauchen oder Herrchen auf die Barrikaden. Sie bekämpft mit Mut und Aggressivität alles, was sie als Gefahr für ihre Bezugsperson betrachtet. Liebkosen Sie nur ja nicht eine fremde Katze, hüten Sie sich davor, im Spaß mit einem Kind herumzubalgen, und halten Sie vor Hunden einen Respektabstand. So manch harmloser Köter hat sich von einer ebenso angriffslustigen wie eifersüchtigen Löwe-Katze schon Narben fürs Leben geholt. Touché — jeder Schlag ist ein Treffer! Da die Löwe-Katze von ihrer Kraft und Herrlichkeit überzeugt ist, hat sie keine Angst vor Fremden. Sie ist vertrauensvoll und zugänglich. Solange sie ihr Frauchen nicht verteidigen muß, zeigt sie Großmut und Toleranz. Sie hat viele Freunde, die ihre Stärke anerkennen und sich ihr gerne unterordnen. Löwe-Katzen spielen nicht unbefangen — sie halten Hof. Da nicht alle anderen Katzen zur Unterwerfung bereit sind, hat sie auch viele Neider, die es darauf anlegen, ihr nicht nur die Schau, sondern auch Leckerbissen aus der Futterschüssel zu stehlen.

Sollte Ihnen Ihre Löwe-Katze einmal abhanden kommen, regen Sie sich nicht auf — sie sucht wahrscheinlich gerade Bewunderer. Darum geht es ihr nämlich, wenn sie der Trieb treibt: Sie lechzt nach einem »Löwen-Anteil« an Anbetung. Die Katze oder der Kater, der ihrer Eitelkeit am besten schmeicheln kann, macht das Rennen.

♍

Eigenschaften:
Vorsichtig, vernünftig, kritisch

☆

Element:
Erde

☆

Passende Zeichen:
Steinbock, Stier

Jungfrau

24. AUGUST — 23. SEPTEMBER

Temperament

Sie ist eine ›Jungfrau‹, wie es im Buche steht: kritisch, das Detail liebend und bis zur Pingeligkeit genau. Logik und Intelligenz sind bei ihr stärker ausgeprägt als natürliche Instinkte. Als gute Beobachterin lernt sie bald, wo Frauchen oder Herrchen ihre Leckerbissen verwahren und mit nahezu menschlicher Raffinesse wird sie es schaffen, an die begehrten Dinge heranzukommen, sobald sie sich unbeobachtet fühlt. Ein verschlossenes Milchpäckchen? Kein Problem! Ein folienverpacktes Käsestück? Ein Katzen-Kinderspiel! Natürlich weiß sie sehr gut, daß derlei Köstlichkeiten nicht für sie bestimmt sind. Aber einer Jungfrau-Katze sind Gewissensbisse fremd. Bei scheltenden Worten wird sie auf wundersame Weise taub, Ihren Groll wird sie großmütig ignorieren. Es genügt ihr, die Klügere gewesen zu sein und bekommen zu haben, was sie wollte.

Das einzige, was eine Jungfrau-Katze von der Verfolgung eines Zieles abhalten kann, sind gefährliche Situationen. Jedes Risiko wird von ihr mit scharfem Blick erkannt und vermieden. Sie geht auf Nummer sicher. Wenn sie trotzdem auf Gerüste und Bäume klettert oder von einem Möbelstück auf ein anderes springt, dann weiß sie, daß ihr das waghalsige Unternehmen gelingt.

Als ›Erdzeichen‹ liebt die Jungfrau-Katze Pflanzen. In ihrer Zuneigung geht sie soweit, daß sie sich auch Ihre sorgsam gehegten Grünpflanzen einverleibt. Wehe, Sie gönnen ihr diese Köstlichkeit nicht! Sobald eine Jungfrau-Katze den Eindruck bekommt, daß sich ihre Vorstellungen vom Zusammenleben mit den Menschen nicht verwirklichen, kennt sie keine Kompromisse: Sie zieht sich zurück und läßt sich auch durch gutes Zureden nicht mehr aus der Reserve locken.

Lebensstil

Lassen Sie Ihre Jungfrau-Katze nie längere Zeit aus den Augen. Wetten, daß sie jede Gelegenheit dazu nützt, um Ihnen ein Schnippchen zu schlagen?

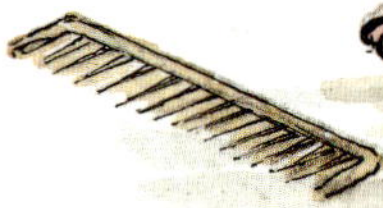

Ein gedeckter Tisch ist für sie eine Versuchung, der sie nicht widerstehen kann. Da sich ihre berechnende Art mit erheblicher Intelligenz paart, nützt sie geschickt jede Gelegenheit aus, um ihr Katzen-Dasein durch Tricks zu verbessern. Ihr liebstes Fressen sind Nahrungsmittel, die auch ihre Bezugspersonen zu sich nehmen. Das geht soweit, daß Jungfrau-Katzen auch Essiggurken fressen, nur weil sie für Frauchen eine besondere Gaumenfreude sind.

Besonders wichtig ist einer Jungfrau-Katze Sauberkeit und Ordnung. Eine achtlos herumliegende Haarspange, ein Handschuh oder einen Lippenstift räumt Ihre Katze mit Sicherheit so auf, daß Sie diese Dinge nie wieder finden. Halten Sie auf jeden Fall das Kistchen einer Jungfrau-Katze so sauber wie einen Operationssaal. Sie sucht sich sonst ein — ihrer Meinung nach — geeigneteres Toiletten-Plätzchen. Selbst schuld, wenn Ihnen das dann nicht recht ist!

Persönliche Beziehungen

Rechnen Sie damit, daß es Ihre Jungfrau-Katze darauf anlegt, Sie kritisch zu prüfen. Sie kann unglaublich lange so tun, als interessiere sie überhaupt nichts. In Wirklichkeit beobachtet sie scharf und zieht ihre eigenen, logischen Folgerungen. Kommt sie zu dem Schluß, es lohne sich, mit Frauchen oder Herrchen ein intimeres Verhältnis aufzubauen, dann wird sie zu einem umwerfend liebenswerten Hauskätzchen, das Ihnen gerne gefällig ist und mit Charme bezaubert.

Ihre Beobachtungsgabe befähigt sie zu wahren Meisterleistungen in punkto Kombination. Sie weiß zum Beispiel, daß die Handarbeit, die Sie in Händen halten, das Streicheln unmöglich macht und versucht erst gar nicht, auf Ihren Schoß zu gelangen. Eine echte Jungfrau-Katze beißt dann kurzerhand den Wollfaden durch.

Mit ihren Artgenossen kommt die Jungfrau-Katze, weil auf Distanz bleibend, relativ gut aus. Wird sie gezwungen, ihr Heim mit anderen Tieren zu teilen, ist sie wegen ihrer Ordnungsliebe ziemlich bald genervt. Der Eindringling hat dann nichts zu lachen. Entweder er orientiert seine Lebensgewohnheiten an ihr oder er beschränkt sich auf sein eigenes Revier — möglichst am anderen Ende der Wohnung.

In Liebesdingen ist die Jungfrau-Katze langsam und bedächtig. Erst wird aus der Entfernung beobachtet, dann behutsam geschnuppert, dann vielleicht ... Aber immer schön der Reihe nach. Nur dann, wenn Jungfrau-Katzen am berühmt-berüchtigten Johannis-Trieb leiden, brechen alle Dämme und es gibt kein Halt!

♎

Eigenschaften:
Tolerant, gutgelaunt, unentschlossen

☆

Element:
Luft

☆

Passende Zeichen:
Löwe, Wassermann, Zwilling

Waage

24. SEPTEMBER — 23. OKTOBER

Temperament

Die Waage-Katze hat das Zeug zum Star. Sie stellt große Ansprüche an den Alltag — ein gehobener Lebensstandard und eine gepflegte Umgebung sind ihr wichtig. Weil sie Charme besitzt und meist bezaubernd aussieht, setzt sie ihre Wünsche leicht durch. Aber selbst dann, wenn eine ihrer Aktionen schiefgeht, verliert sie selten ihre gute Laune. Sie wendet dann ihr Interesse anderen Dingen zu und versucht mit ungebrochenem Optimismus, ein neues, begehrenswertes Objekt der Begierde für sich zu erobern. Die Waage-Katze umgibt sich gerne mit Verehrern. Es ist ihr gleichgültig, ob es sich dabei um gutaussehende Kater oder wohlmeinende Menschen handelt. Hauptsache, es sind Fans, und sie wird gebührend bewundert. Daß sie trotz dieser Starallüren alle Herzen im Sturm erobert, liegt an ihrer positiven Ausstrahlung. Waage-Katzen sind alle Sympathien sicher.

Ihre scheinbare Ausgeglichenheit
zerbricht in dem Moment, in dem sie
entflammt ist. Dann schlägt sie buchstäblich
Purzelbäume und vergißt ihre guten Umgangsformen.
Da sie sich schlecht entscheiden kann, ist sie häufig auch der Gegenstand erbitterter Kämpfe unter ihren Freiern. Obwohl sie bei derartigen Anlässen den Lauf der Dinge in sicherer Entfernung und scheinbar desinteressiert abwartet, genießt sie es in ihrer eitlen Katzenseele, daß sie so begehrt ist. Das bedeutet aber nicht, daß sie hinterher dem glücklichen Sieger unverzüglich ihre Gunst schenkt. Im Gegenteil! Die Vorliebe der Waage-Katze für Harmonie und Schönheit läßt selten zu, daß sie sich für einen durch den Kampf ramponierten und erschöpften Kater begeistert.

Lebensstil

Die Waage-Katze haßt Konfliktsituationen und liebt die Eintracht.

Hat sie eingesehen, daß das Zusammenleben mit den Menschen nur dann reibungslos und friedlich verläuft, wenn sie selbst pflegeleicht und folgsam ist, setzt sie alles daran, die gute Beziehung durch ihr Wohlverhalten zu gewährleisten. In ihrer Harmoniesucht ist sie bereit, sich und ihre Umgebung mit Hingabe zu pflegen. Sie ist anschmiegsam und zärtlich und kommt sogar, wenn man sie ruft.

Eine Lieblingsunterhaltung der Waage-Katze besteht darin, ein Familienmitglied bei der Arbeit zu beobachten. Sie kann stundenlang wie angenagelt sitzen, jeden Ihrer Handgriffe studieren und Ihre Tätigkeit in Gedanken rationalisieren. Im Hinblick auf ihre Freßgewohnheiten ist es nicht schwer, sie zufriedenzustellen. Sie ist nicht heikel und hat auch gegen Reste vom Mittagstisch nichts einzuwenden. Ihren Spieltrieb, den sie auch als erwachsene Katze nicht verliert, befriedigt sie mit allem, was ihr unter die Pfoten kommt. Falls Sie ihr keine eigenen Spielsachen geben, müssen eben ein Gesteck getrockneter Blumen oder das frisch sortierte Nähzeug daran glauben.

Persönliche Beziehungen

In ihren persönlichen Beziehungen geht die Waage-Katze nach dem Prinzip des Katz-und-Maus-Spieles vor: Heute reizt es sie, sowohl Artgenossen als auch Menschen mit Zuneigungsbeweisen zu überschütten, morgen zeigt sie ihnen die kalte Schulter. Dieses Wechselbad der Gefühle ist keineswegs böse gemeint, sondern soll als Flirt verstanden werden. Im Grund ihres kapriziösen Wesens ist eine Waage-Katze aber immer anhänglich und friedfertig. Aus diesem Grund und wegen ihrer Freude am Herumtollen und Spielen eignet sie sich gut für einen Haushalt mit Kindern, zu denen sie meist ein besonders inniges Verhältnis hat.

Nicht selten kann man beobachten, daß die Waage-Katze wie ein Hündchen hinter jenem Familienmitglied herläuft, das sie am meisten ins Herz geschlossen hat. Besonders viel liegt ihr daran, zum Schlafen ins kuschelige Bett mitgenommen zu werden. So oft man sie aus diesem Paradies vertreibt, so oft kehrt sie nach Möglichkeit dorthin zurück. Auch ohne Sie. Schlimmstenfalls mimt sie die Kranke und genießt dann auch noch die Sorge, die Sie Ihrem bettlägerigen Liebling angedeihen lassen. Sie können von Glück reden, wenn sich Ihre Bettgefährtin dazu erziehen läßt, wenigstens mit dem Fußende des Bettes vorliebzunehmen und sich nicht auf dem Kopfpolster breitzumachen.

♏

Eigenschaften:
Ausdauernd, eifersüchtig, stur

☆

Element:
Wasser

☆

Passende Zeichen:
Krebs, Fische

Skorpion

24. OKTOBER — 22. NOVEMBER

Temperament

Die unter dem Geburtsherrscher Mars geborenen Katzen können ausgesprochen ruppig und widerspenstig sein. Mit Ersatz lassen sie sich grundsätzlich nicht abspeisen. Das Original — und davon nur das Beste — ist für sie gerade gut genug.

Skorpion-Katzen wollen immer genau wissen, was hinter den Dingen ihrer Umgebung steckt. Jeden Tag durchforschen sie aufs neue jeden Winkel der Wohnung, in der sie leben. Das erfinderische, intellektuelle Wesen der Skorpion-Katze verleitet sie dazu, Haushaltsgeräte und Zimmer umzufunktionieren. So manche Skorpion-Katze macht aus Samtvorhängen einen Kletterbaum und aus der Trommel der Waschmaschine ein Siesta-Plätzchen.

Eine Skorpion-Katze will selbst das Regiment führen. Wenn Sie das akzeptieren, zu ihrem Katzen-Freundeskreis gastfreundlich sind und sich bemühen, ihr möglichst viel und geistreiche Unterhaltung zu bieten, entfaltet eine Skorpion-Katze eine plutonische Anziehungskraft und jede Menge Charme.

Die Skorpion-Katze ist ausdauernd und grundsätzlich zu stolz, um sich helfen zu lassen. Wird sie ausgeschimpft, steigert sich ihre Beharrlichkeit zu Sturheit. Bemerkenswert ist auch das Selbstbewußtsein der Skorpion-Katze. Den Schinken auf Ihrem Brot oder den neu tapezierten Lehnstuhl — sie beansprucht alles für sich.
Auch wenn eine Skorpion-Katze noch so lieblich guckt und sich verführerisch an Sie schmiegt, Sie sind schon längst ihr Sklave. Daß Sie das gar nicht merken, spricht für die Intelligenz Ihrer Katze.

Lebensstil:

Ihr Skorpion-Liebling läßt sich nicht gerne in der Wohnung einschließen, während Sie Ihren Besorgungen oder Ihrer Arbeit nachgehen. Mit einem guten Fernsehprogramm kann sie sich aber über Ihre Abwesenheit hinwegtrösten.

Am liebsten leben diese Katzen auf einem großräumigen Gut, auf dem sie sich frei bewegen, Abenteuer erleben und immer wieder etwas Neues entdecken können. Ihr ungebrochener Jagdinstinkt ermöglicht es ihnen, tagelang ohne menschliche Aufsicht und Fürsorge in freier Wildbahn zu überleben. Nicht selten legen sie sich aus reiner Freude am Kräftemessen mit anderen Tieren an. Auch einen Streit mit einem ausgewachsenen Schäferhund scheuen sie nicht.

Alles in allem: Ihre Skorpion-Katze wird nie auf Sparflamme leben. Weder mit ihrer Umwelt noch beim Fressen. Sie frißt alles, auch wenn ihr davon übel wird. Aber egal, was sie tut, sie tut es mit einer angeborenen Würde. Auch als einfache Hauskatze verbreitet eine Skorpion-Katze den gewissen Hauch von Exklusivität.

Persönliche Beziehungen

Der Liebe Ihrer Skorpion-Katze können Sie sich nicht entziehen. Wenn sie Sie einmal ins Herz geschlossen hat, ist sie besitzergreifend und wird Sie rund um die Uhr in Beschlag nehmen. Sie wird leicht eifersüchtig und ist mit den üblichen, äußeren Zeichen der Zuwendung selten zufrieden. Sie will alles von Ihnen. Sie will mit Ihnen balgen, streiten und Ihre Zärtlichkeit spüren. Sie können einem wirklich leid tun. Machen Sie sich auf ein chaotisches Liebesleben Ihrer Skorpion-Katze gefaßt: Liebe und Kampf sind für eine Skorpion-Katze eins. Blutig gekratzte Augen, fehlendes Fell, eingerissene Ohren — so präsentiert sich die wahrhaft liebende Skorpion-Katze. Aber keine Sorge, so ramponiert kann sie gar nicht sein, daß ihr der oder die Auserwählte nicht ebenso zu Füßen liegt wie Sie. Unter ihren Artgenossen gilt die Skorpion-Katze als Zankteufel, aber auch als Autorität. Sie ist ebenso geltungsbedürftig wie herrschsüchtig und will ihre Fähigkeiten im Sieg über einen oder mehrere Gegner bestätigt sehen. Natürlich gelingt ihr das — sie ist auf Sieg programmiert. Überflüssig zu sagen, daß sie längst alle Herzen der Familienmitglieder und Nachbarn erobert hat. Wenn es irgendwo etwas zu erben gibt — wetten, daß Ihre Katze als Erbin eingesetzt ist?

♐

Eigenschaften:
Optimistisch, arrogant, wanderlustig

☆

Element:
Feuer

☆

Passende Zeichen:
Widder, Löwe, Schütze

Schütze

23. NOVEMBER — 21. DEZEMBER

Temperament:

Ihre Abenteuerlust und ihre Freiheitsliebe lassen die Schütze-Katze immer wieder zu Höhenflügen starten. Dabei ist sie aber gewissermaßen auf Absturz programmiert.

Ihr unerschütterlicher Optimismus verhindert, daß sie ihr Scheitern erkennt und sich in Zukunft danach richtet. Mit deutlich zur Schau getragener Arroganz geht sie eher über eine erlittene Schlappe hinweg, nur um bald darauf zu einem neuen Wagnis aufzubrechen. Daß sie nie den Glauben an sich selbst und die eigenen Möglichkeiten verliert, macht sie häufig zu einem Vorbild, nach dem sich so mancher Katzenbesitzer in aller Stille orientiert.

Die Schütze-Katze vermag allem und jedem eine gute Seite abzugewinnen. Nur das einsame Eingesperrtsein in einem kleinen Raum zehrt an ihrem Lebens- und Vitalitätsnerv. Eine freiheitsliebende Schütze-Katze in einer Stadtwohnung zu halten, in der ihr jeglicher Auslauf fehlt, kommt einer Katzen-Hölle gleich. Unter derart ungünstigen Lebensbedingungen neigt die Schütze-Katze dazu, ihre Energie in Launenhaftigkeit umzusetzen und sich kostspieligen Unfug auszudenken. Dann kommt es vor, daß sie ihre Krallen an den Vorhängen ausprobiert, Blumenvasen umstößt und mit Topfpflanzen Boxkämpfe austrägt — Ausdruck der Frustration eines Freiheitsfanatikers, der nicht weiß, wie er seinen Tatendrang ausleben soll.

Lebensstil

Bei dem anstrengenden Lebenswandel der Schütze-Katze ist es kein Wunder, daß sie immer hungrig ist. Sie ist ebenso ein Gourmet wie ein Gourmand. Sie braucht kräftiges, eiweißreiches Futter und kann davon unfaßbare Mengen vertilgen. Da sie die meisten Kalorien in Aktivitäten umsetzt, besteht wenig Gefahr, daß sie zu dick wird. Spezielle Anforderungen stellt die Schütze-Katze hinsichtlich ihres Schlafplatzes. Er sollte ungestört, aber doch leicht erreichbar sein, möglichst an einer Stelle, die dem abenteuerlustigen Vierbeiner auch nächtliche Exkursionen erlaubt, aber doch so gelegen, daß die Hausherren nicht zu weit entfernt sind. Dank ihrer Anpassungsfähigkeit und Wanderlust kann man die Schütze-Katze auch auf Urlaubsreisen mitnehmen. Sie liebt 4-Sterne-Hotels, paßt sich aber auch dem Niveau einer Jugendherberge an. Hauptsache, es gibt die Möglichkeit für Entdeckungsausflüge. Um die Verletzungsgefahr, der eine so risikofreudige Abenteuerin wie die Schütze-Katze ausgesetzt ist, etwas zu reduzieren, empfiehlt es sich, hochgelegene Fenster mit Katzengitter zu versehen. Auch der Abschluß einer Haustierversicherung könnte nicht schaden.

Persönliche Beziehungen

Die Schütze-Katze verträgt sich mit jedem, der tolerant ist und sie nicht einengen will. Wegen ihrer unermüdlichen Spielfreude und geringen Aggressivität wird sie von Kindern heiß geliebt. Schütze-Katzen haben eine leidenschaftliche Zuneigung zu Vögeln. Wenn Sie mit Ihrem Liebling auf gutem Fuß stehen wollen, kaufen Sie ihr einen Singvogel und einen katzensicheren Käfig, denn in ihrer Vogelliebe ist die Schütze-Katze unberechenbar.

Zu ihren Artgenossen hat sie meist ein freundlich-distanziertes Verhältnis. Das stille, glückliche Einvernehmen, das sie mit einem Vogel verbinden kann, entwickelt sie einer anderen Katze gegenüber nicht. Wenn sie in plötzlicher Liebe zu einem eroberungsfreudigen Kater entbrennt, bringt sie ihn (oder ein Kater ›sie‹) mit nach Hause. Wehe, Sie heißen ihre Liebeswahl nicht gut! Aber meist handelt es sich um ein Strohfeuer, das schon nach wenigen Tagen wieder erlischt.

Ein Schütze-Kater trägt viel zur Arterhaltung bei. Die Nachkommen, die er zeugt, sind unzählig. Auch für eine weibliche Katze ist das Liebesleben ein einziger Abenteuerroman, mit unehelichen Kindern, Trennungen und Affären. Bleiben Sie gegenüber dieser Achterbahnfahrt der Katzengefühle gelassen. Sie können ja doch nichts ändern.

Bedeutend stabiler verläuft die Beziehung einer Schütze-Katze zu einem im Haushalt lebenden Hund. Sie frißt ihm verläßlich sein Futter weg und beansprucht Sie mit Sicherheit immer dann, wenn Sie mit ihm gerade Gassi gehen wollen.

♑

Eigenschaften:
Dickköpfig, schlau, schwermütig

☆

Element:
Erde

☆

Passende Zeichen:
Stier, Jungfrau, Waage

Steinbock

22. DEZEMBER — 20. JANUAR

Temperament

Fast könnte man die Steinbock-Katze mit einem Fuchs vergleichen: Sie ist listig, zurückhaltend und beeindruckend schlau. Eine Steinbock-Katze glaubt nichts, was sie nicht mit eigenen Augen gesehen und am eigenen Körper erprobt hat. Setzt sie sich einmal etwas in ihr meist hübsches Köpfchen, ist sie weder durch Zureden noch durch verlockende Leckereien von ihrem vorgefaßten Kurs abzubringen. Sie ist klug genug, Gefahren vorhersehen und ihnen ausweichen zu können. Deshalb neigt eine Steinbock-Katze kaum dazu, sich zu verletzen. Allerdings schlägt ihr Einsamkeit auf die Psyche.

Ohne tierische oder menschliche Kontakte tritt ihre angeborene Neigung zur Melancholie in den Vordergrund ihres sonst ausgeglichenen Charakters. Dann kann sie schwermütig vor sich hin träumen oder tiefsinnig grübelnd in der Sonne liegen.

Machen Sie sich gefaßt darauf, daß die Steinbock-Katze über beträchtlichen Ehrgeiz verfügt. Wenn sie sich etwas vornimmt, läßt sie nicht locker — egal, ob es sich darum handelt, eine Haarspange aus einer Ritze des Holzfußbodens zu holen

oder die Bekanntschaft eines Nachbarn zu machen. Sie kann sich konsequent und zielstrebig einer Sache widmen, erwartet dann aber mit Recht, daß ihre Ausdauer gebührend anerkannt wird. Am liebsten hat sie es, von anderen Familienmitgliedern gelobt zu werden. Auch wenn die Steinbock-Katze zurückhaltend auftritt, hat sie doch ein ausgeprägtes Machtbedürfnis, das es ihr verbietet, sich mit der Rolle des schwächsten Gliedes der Familienhierarchie zufriedenzugeben. Sie wird dann am freundlichsten und friedlichsten sein, wenn sie sich anerkannt und respektiert fühlt.

Lebensstil

Die Steinbock-Katze ist genügsam und ein guter Futterverwerter. Sie schätzt gute Futterqualität, legt aber auf ausgefallene Köstlichkeiten keinen Wert. Um sie zufriedenzustellen, genügt es, ihr das gewohnte Futter regelmäßig zu geben. Vergessen Sie aber nicht, ihr ›Guten Appetit‹ zu wünschen. Steinbock-Katzen legen auf gute Umgangsformen größten Wert. Da sie ein ruhiges, gemächliches Dasein schätzt, wird jedes Zuviel an Nahrung in Körpergewicht umgewandelt.

Wichtiger als das Kapitel Futter ist der Steinbock-Katze das Thema Ruhe. Ihre Meditationsstunden sind ihr ein echtes Bedürfnis. Wehe, sie wird davon abgehalten! Ihren Hang zu Eigenbrötelei will sie unter allen Umständen ausleben — auch wenn sie für ihr Bedürfnis nach Zurückgezogenheit stundenlang die Schreibfläche Ihres Schreibtisches blockiert. Sie haben sich mit Ihrer Arbeitseinteilung gefälligst nach Ihrer Katze zu richten, nicht umgekehrt.

Veränderungen in ihrer Umgebung sind ihr ein Horror. Bevor Sie in Ihrer Wohnung umstellen, sollten Sie eine Steinbock-Katze langfristig darauf vorbereiten. Und ein Recht, das ihr einmal gewährt wurde, wird sie immer wieder in Anspruch nehmen. Hüten Sie sich, Ihre Katze einmal mit ins Bett zu nehmen. Lassen Sie sich dennoch dazu hinreißen, wird sie Ihnen fortan jeden Abend ins Bett folgen und stur auf ihren angestammten Platz beharren.

Persönliche Beziehungen

Abgesehen davon, daß Ihre Steinbock-Katze in manchen Belangen etwas spröde und reserviert ist, haben Sie mit ihr einen angenehmen, verläßlichen Hausgenossen. Da sie mit der untersten Stufe der Familienhierarchie nicht zufrieden ist, wird sie vor keinem Schachzug zurückscheuen, um ihren gesellschaftlichen Aufstieg doch noch zu schaffen. Einem Baby in der Familie fühlt sie sich auf alle Fälle überlegen. Sie wird das Kind entweder ›bemuttern‹ oder eifersüchtig beobachten, ob es nicht mehr Streicheleinheiten bekommt, als ihm zusteht. Erst wenn sich Frauchen und Herrchen dazu entschließen, eine zweite, jüngere Katze aufzunehmen, die sie dominieren kann, ist ihre Welt wieder heil.

In Liebesangelegenheiten sind Steinbock-Katzen pedantisch und schwerfällig. Sie machen ungern den ersten Schritt, sind generell Spätzünder und bringen, wenn es mal gefunkt hat, sämtliche Verwandte der oder des Auserwählten nach Hause, um voller Mißtrauen zu beobachten, ob Sie sich diesen gegenüber korrekt benehmen. Rasende Liebe ist einer Steinbock-Katze fremd — unter diesem Aspekt ist sie unter allen Sternzeichen das coolste.

♒

Eigenschaften:
Freiheitsliebend, launenhaft, erfinderisch

☆

Element:
Luft

☆

Passende Zeichen:
Waage, Zwillinge, Widder

Wassermann

21. JANUAR — 19. FEBRUAR

Temperament

Eine Wassermann-Katze ist ein kompliziertes Wesen, das häufig mit sich selbst in Zwiespalt lebt. Sie möchte einerseits anschmiegsam und zärtlich sein, fühlt sich aber andererseits verpflichtet, die Krallen zu zeigen. Sie bettelt um Milch, um dann unschlüssig vor dem Schüsselchen zu sitzen. Entdeckt sie, daß sie von ihrem ratlosen Frauchen besorgt beobachtet wird, fällt es ihr schwer, ihren Triumph zu verbergen: Es ist herrlich, eine schwierige, unberechenbare Katze zu sein!

Auch durch ihre ungebremste Entdeckerlust gelingt es der Wassermann-Katze immer wieder, sich in den Mittelpunkt des allgemeinen Interesses zu setzen. Mißerfolge steckt sie locker weg. Wassermann-Katzen, die zu großen Dingen unterwegs sind, stoßen sich nicht an Bagatellen. So kommt es, daß eine Zaunlücke, an der sie sich einmal verletzt hat, nicht aufhört, sie zu faszinieren.

Mit beispielhaftem Erfindungsgeist verschafft sie sich Zugang zu den ausgefallensten Orten — auch zu jenen, an denen man sie lieber nicht sähe. Wenn Sie eine Wassermann-Katze haben, sollten Sie Schränke und die Trommel der Waschmaschine immer kontrollieren, bevor Sie diese schließen. Sie nimmt es zwar nicht übel, stundenlang auszuharren, aber alles hat seine Grenzen. Nur nicht das Liebesbedürfnis einer Wassermann-Katze — das ist grenzenlos. Sie zieht sich zwar nach einem Scheltwort scheinbar beleidigt in ein Versteck zurück, aber kaum werden ihre Neugier oder ihr Appetit geweckt, kommt sie anmutig und verspielt hervor, als wäre nichts geschehen.

Lebensstil

Wenn die Wassermann-Katze kein Publikum hat, ist sie ein ausgeglichenes, friedliches Tier, das nur selten auf dumme Gedanken kommt. Ihre Masche, das widerspenstige, eigenwillige Kätzchen zu spielen, zieht sie immer nur dann ab, wenn sie sich Geltung verschaffen will und weiß, daß ihr Verhalten Ratlosigkeit in die Gesichter ihrer Lieben zaubert. Unberechenbar ist sie auch ihrem Futter gegenüber. Was sie an einem Tag zu ihrem Lieblingsgericht erwählt, rührt sie am nächsten Tag möglicherweise nicht an. Oft zeigt sich dann, daß es ihr weniger um das Was als um das Wie geht.

Wenn Frauchen oder Herrchen sich die Mühe machen, den Futternapf mit der Hand zu halten und sie mit freundlichen Worten zum Fressen zu animieren, ist der Appetit oft in Sekundenschnelle wieder da.

Eine der rührendsten Eigenschaften ist die Bewunderung, die Wassermann-Katzen für alles Menschliche haben. Auch wenn Sie es nicht merken — Ihre Wassermann-Katze bemüht sich bestimmt darum, so zu sein wie Sie. Wenn Sie mehr über sich wissen wollen, beobachten Sie Ihre Katze.

Persönliche Beziehungen

Eine Wassermann-Katze braucht einen ›Meister‹ mit guten Nerven, der sich bei aller Tierliebe nicht auf der Nase herumtanzen läßt. Sie kann weder zu Freunden noch auf Urlaubsreisen mitgenommen werden, weil sie beim Anblick von Fremden garantiert ihre Schau abzieht und sich so widerborstig benimmt, daß es selbst dem Tierliebhaber peinlich ist. Sie zeigt ihr Zugehörigkeits- und Dankbarkeitsgefühl, indem sie Gäste und Besucher heftig anfaucht und ihnen zu spüren gibt, daß sie in diesem Haushalt unerwünscht sind. Wieder mit ihrer Bezugsperson allein, bemüht sie sich, so süß wie möglich zu sein, um sich mit einem Übermaß an Charme die verscherzten Sympathien zurückzuerobern. Daß ihr das immer wieder gelingt, steht außer Zweifel.

In einem Haushalt mit Kindern entwickelt sie sich leicht zu einem Tyrannen, der nur zufrieden ist, wenn alle nach seiner Pfeife tanzen. Im Alltag mit einer Wassermann-Katze ist alles möglich, nur eines nicht: Keine Beziehung zu ihr zu haben.

»Die Katze von nebenan« kommt für eine Wassermann-Katze als Partner(in) nicht in Frage: Nichts haßt die Wassermann-Katze mehr als alltägliche Verhältnisse. Der Spruch »Bei Nacht sind alle Katzen grau« gilt vielleicht für Sie, aber nicht für Ihre Katze. Wassermann-Katzen verlieben sich gerne in Katzen, die an der Leine gehen, in exotische Artgenossen und in Katzen, die Kunststücke beherrschen. Wetten, daß Sie diesbezüglich mit Ihrer Wassermann-Katze noch Überraschungen erleben werden?

♓

Eigenschaften:
Empfindsam, träumerisch, instinktsicher

☆

Element:
Wasser

☆

Passende Zeichen:
Krebs, Skorpion, Jungfrau

Fische

20. FEBRUAR — 20. MÄRZ

Temperament

Der eigenwillige Charakter der Fische-Katze läßt sich schon beim jungen Kätzchen deutlich erkennen: Mit Erziehungsversuchen oder gar mit Zwangsmaßnahmen hat man bei ihr keine Chancen. Eine Fische-Katze lebt nach ihren eigenen Gesetzen und ihrem eigenen Rhythmus. Wenn sie beschlossen hat, einen Tag im Freien zu verbringen, läßt sie sich durch nichts und niemanden wieder ins Haus locken. Wenn sie die Zeit für ein Nickerchen gekommen glaubt, wird man sie nur mit Gewalt davon abhalten können, ein stilles Plätzchen ihrer Wahl aufzusuchen. Ihr Hang zum Tagträumen überfällt sie manchmal mitten im Spiel.

Plötzlich hat sie kein Interesse mehr an dem Wollbällchen, das sie eben noch wild durchs Zimmer jagte. Sie wendet sich ab und ihren Träumen zu, deren Lebhaftigkeit man aus den Geräuschen und Bewegungen erkennen kann, die sie im Schlaf macht. Ihre Sanftmut hindert sie daran, auf Störungen von außen aggressiv zu reagieren. Aber sie zieht ihre Konsequenzen. Wenn Sie Ihren Liebling das nächste Mal suchen — er liegt in einem besseren Versteck, um seinen Träumen ungestört nachzuhängen …

Lebensstil

Weil sie sich einer anderen Ordnung als ihrer eigenen nur schwer unterordnen kann, paßt eine Fische-Katze am besten in einen großzügigen Haushalt, in dem jeder auf seine eigene Art selig werden darf. Dank ihrer angeborenen Sensibilität wird sie schnell unterscheiden lernen, welche Maßnahmen ihrem Wohl dienen und welche nur den Alltag des Besitzers erleichtern sollen.

Erstere wird sie gerne anerkennen und befolgen; letztere nur dann, wenn Frauchen oder Herrchen sie von ihrer aufrichtigen Liebe überzeugen konnten. Dann hat der samtpfötige Mitbewohner den rührenden Wunsch, seine Bezugspersonen zufriedenzustellen und dem Idealbild einer Katze zu entsprechen.

Mit untrüglichem Instinkt gelingt es der Fische-Katze, menschliche Gemütsregungen zu durchschauen und entsprechend zu reagieren. Wenn Sie Trost brauchen, umschmeichelt sie Sie dezent. Ist Ihnen nach Unterhaltung zumute, bietet sie Ihnen eine kleine Show. Dabei neigt sie allerdings zu Zwangsbeglückungen — sie biedert sich auch dann noch an, wenn Sie längst genug von Ihrem Miniatur-Raubtier haben.

Persönliche Beziehungen

In ihren Liebesbeziehungen zu ihresgleichen zeigt die sensible Fische-Katze eine verhängnisvolle Neigung zur Magie: Sie versucht immer wieder ihre(n) Auserwählte(n) mit Gedankenübertragung oder Hypnose positiv zu beeinflussen. Da sich Fische-Katzen nicht offen erklären, riskieren sie immer wieder, daß ihnen die angebetete Katze oder der angehimmelte Kater von einem ordinären, rotznäsigen Konkurrenten weggeschnappt wird.

Wenn die Katze als sehr junges Tier ins Haus kommt, betrachtet sie ihre Bezugsperson häufig als Mutter- oder Geschwisterersatz, läßt sich verwöhnen, sucht bei ihr Geborgenheit und hält sie auch für den vorbestimmten Spielgefährten. Parallel dazu besteht aber auch ein Hang zur Eifersucht.

Da sie stark auf einen menschlichen Partner fixiert ist, gesteht sie diesem nur ungern zu, daß er neben ihr auch noch andere Menschen oder gar Tiere liebt. Wenn sie sich um jene Rechte betrogen fühlt, von denen sie annimmt, daß sie ihr allein zustehen, dann geht auch eine so verträumte und empfindsame Katze wie sie im wahrsten Sinne des Wortes ›über Leichen‹. Fühlt sie sich jedoch uneingeschränkt geliebt und geschätzt, bringt sie es sogar fertig, auf einen persönlichen Vorteil oder Genuß zu verzichten, um Frauchen oder Herrchen eine Freude zu machen. Die tote Maus oder der malträtierte Vogel, die sie anschleppt, sind als Geschenk für Sie gedacht. Freuen Sie sich darüber, andernfalls verscherzen Sie es sich mit Ihrem Liebling. Gott verzeiht, eine Fische-Katze nicht.

Die allseits gebildete Katze blickt nicht nur zu den Sternen auf! Wer seinem Schmusekätzchen geistige und körperliche Harmonie wünscht, der bringt ihr dieses Buch mit: Den ersten Yogakurs für Katzen!

Wilhelm Heyne Verlag München